LIMOGES

EUGÈNE ARDANT ET Cⁱᵉ, ÉDITEURS.

LEÇONS INSTRUCTIVES

—

7e SÉRIE IN-12.

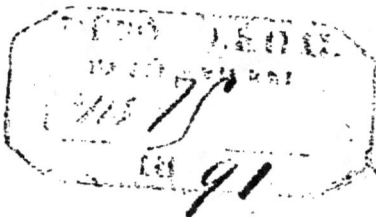

Il y avait dans le jardin un petit étang.   (P. 65.)

LEÇONS

INSTRUCTIVES ET AMUSANTES

POUR LES ENFANTS

PAR BERQUIN.

LIMOGES

EUGÈNE ARDANT ET Cie, ÉDITEURS.

LEÇONS
INSTRUCTIVES ET AMUSANTES.

LE PETIT FRÈRE.

Fanchette s'était un jour levée de
grand matin pour aller cueillir des fleurs,
et en porter un bouquet à sa mère dans
son lit; comme elle se disposait à descendre, son père entra dans sa chambre
en souriant, la prit dans ses bras, et lui
dit : Bonjour, ma chère Fanchette : viens
vite avec moi, je veux te montrer quelque chose qui te fera sûrement plaisir.

— Et quoi donc, mon papa? lui demanda-t-elle avec empressement.

— Dieu t'a fait présent cette nuit d'un
petit frère, lui répondit-il.

— Un petit frère? ah! où est-il? Voyons! menez-moi à lui, je vous prie.

Son père ouvrit la porte de la chambre où sa mère était couchée. Il y avait à côté du lit une femme étrangère que Fanchette n'avait pas encore vue dans la maison, et qui enveloppait le nouveau-né dans ses langes.

Ce furent alors mille et mille questions de la part de la petite fille. Son père y répondit de son mieux; et il croyait avoir satisfait à tout, lorsque Fanchette lui dit: Mon papa, qui est cette vieille femme? comme elle ballotte mon petit frère! ne craignez-vous pas qu'elle ne lui fasse mal?

— Oh! non, sois tranquille. C'est une bonne femme que j'ai envoyé chercher pour avoir soin de lui.

— Mais il appartient à maman. L'a-t-elle déjà vu?

MADAME DE GENSAC, *entr'ouvrant le rideau de son lit.* Oui, Fanchette, je l'ai vu. Et toi, es-tu bien aise de le voir?

— Oh! fort aise! maman. C'est un très joli petit camarade que vous me donnez.

— Mon papa, voulez-vous le laisser jouer avec moi?

— Cela n'est pas possible, il ne peut pas se tenir sur ses pieds. Vois-tu comme ils sont faibles?

— Ah! mon Dieu! les petits pieds! Je vois que nous ne pourrons pas courir de longtemps ensemble.

— Patience! Il faut qu'il apprenne d'abord à marcher; et ensuite vous pourrez gambader tous les deux dans le jardin.

— Est-il vrai? O mon pauvre petit! il faut que je te donne quelque chose pour t'accoutumer à m'aimer. Tiens, j'ai dans ma poche une image, prends-la. Mon papa, qu'est-ce donc? il ne veut pas la prendre; il tient ses petites mains fermées.

— Il ne sait pas encore l'usage qu'il

peut en faire. Il faut attendre quelques mois.

— A la bonne heure. Je te donnerai tous mes joujoux. Eh bien! cela te fait-il plaisir? réponds-moi donc. Il me semble qu'il sourit. Appelle-moi Fanchette, Fanchette. Est-ce que tu ne veux pas parler?

— Il ne parlera que dans deux ans. Mais toi, prends garde d'étourdir ta mère de ton caquet.

— Ah! mon papa! voilà son visage tout bouleversé, il pleure; apparemment qu'il a faim. Doucement, Monsieur, je vais vous chercher quelques friandises.

— Ne te mets pas en peine de sa nourriture. Il n'a pas de dents; comment pourrait-il manger?

— Il ne peut pas manger! De quoi vivra-t-il donc? Est-ce qu'il va mourir?

MADAME DE GENSAC. Non, ma fille. Dieu a mis du lait dans mon sein pour en nourrir ton petit frère. Il est encore bien faible; mais dans quelques mois, tu verras; il se roulera à terre comme un petit agneau.

— Qu'il me tarde de le voir comme cela! Mais voyez donc, mon papa, la mignonne tête. Je n'ose pas y toucher.

— Tu peux y toucher, mais bien doucement.

— Oh! bien doucement. Mon Dieu, qu'elle est molle! c'est comme du coton.

— La tête de tous les enfants est comme celle de ton frère.

— S'il venait à tomber, il se la romprait en mille pièces.

MADAME DE GENSAC. Sûrement. Mais nous aurons bien soin de le tenir, pour qu'il ne tombe pas.

M. DE GENSAC. Sais-tu bien, Fanchette, qu'il y a cinq ans tu étais aussi petite?

— Moi, j'ai été comme cela? vous vous moquez, mon papa.

— Non, non; rien de plus vrai.

— Je ne m'en souviens pas, pourtant.

— Je le crois. Te souviens-tu du temps où j'ai fait tapisser cette chambre?

— Elle a toujours été comme elle est.

— Point du tout; je l'ai fait tapisser dans un temps où tu étais aussi petite que ton frère.

— Eh bien! je ne m'en suis pas aperçue.

— Les petits enfants ne voient rien de ce qui se passe autour d'eux. Lorsque ton frère sera à ton âge, demande-lui s'il se souvient que tu aies voulu lui apprendre aujourd'hui à prononcer ton nom? Tu verras s'il se le rappelle.

— J'ai donc pris du lait de maman?

— Sans doute. Si tu savais toutes les peines qu'elle s'est données pour toi! tu étais si faible que tu ne pouvais rien prendre; nous craignions à tout moment de te voir mourir. Ta mère disait : Ma pauvre enfant, si elle allait tomber en faiblesse! Et elle a eu une peine infinie à te faire sucer quelques gouttes de lait.

— Ah ! ma chère maman, c'est donc vous qui m'avez appris à me nourrir?

— Oui, ma fille. Après que ta mère eut réussi à te faire prendre de toi-même la première nourriture, tu devins grasse et réjouie. Pendant près de deux ans, ce furent tous les jours et à toutes les heures du jour les mêmes soins. Quelquefois, lorsque ta mère s'était endormie de fatigue, tu troublais son sommeil par tes cris. Il fallait qu'elle se levât pour courir à ton berceau et te présenter son sein.

— J'ai donc eu la tête aussi faible que celle de mon frère ?

— Aussi faible, ma fille.

— Moi qui l'ai si dure à présent? Mon Dieu, j'aurais dû me la casser mille fois.

— Nous avons eu pour toi tant d'attentions ! Ta mère a renoncé pour un temps à tous les plaisirs ; elle a négligé toutes ses sociétés, pour ne pas te perdre un seul instant de vue. Lorsqu'elle était obligée de sortir pour des devoirs ou des

affaires indispensables, elle était toujours
dans les transes. Ma chère Gothon, disait-
elle à ta gouvernante, je vous recommande Fanchette comme votre propre enfant. Et elle lui faisait continuellement
des cadeaux pour l'engager à te soigner
avec plus de vigilance.

— Ah ! ma bonne maman ! Mais, mon
papa, est-ce qu'il y a eu un temps où je
ne savais pas courir ? je cours si bien à
présent ! Voyez, en trois pas je suis au
bout de la chambre. Qui est-ce donc qui
me l'a appris ?

— Ta mère et moi ; nous t'avions mis
autour de la tête un bandeau de velours
bien rembourré, afin que, si tu venais à
tomber, tu ne te fisses pas de mal ; nous
te tenions par des lisières pour aider tes
premiers pas ; nous allions tous les jours
dans le jardin sur la pièce de gazon, et
là, nous plaçant vis-à-vis l'un de l'autre,
à une petite distance, nous te posions toute
seule debout au milieu, et nous te ten-

dions les bras, pour t'inviter à venir tantôt à l'un, tantôt à l'autre. Le plus léger faux pas que tu faisais nous tournait le sang. C'est à force de répéter ces exercices que nous t'avons appris à marcher.

— Je n'aurais jamais cru vous avoir donné tant de peines. Est-ce vous aussi qui m'avez enseigné à parler?

— C'est nous encore. Je te prenais sur mes genoux, et je te répétais les mots de papa et de maman, jusqu'à ce que tu fusses en état de me les bégayer. Tous les mots que tu sais aujourd'hui, c'est nous qui te les avons appris de la même manière; tu dois te souvenir que c'est nous aussi qui t'avons montré à lire.

— Oh! je me le rappelle à merveille. Vous me faisiez mettre à table entre vous deux. On nous apportait une assiette pleine de raisins secs, et des petits carrés où il y avait des lettres moulées. Lorsque j'avais bien réussi à les nommer, vous me donniez quelques grains de raisin.

— Si nous n'avions pas pris tous ces soins de toi, si nous t'avions abandonnée à toi-même, que serais-tu devenue?

— Il y a bien longtemps que je serais morte. Oh! le bon papa, la bonne maman que vous êtes!

— Et cependant tu donnes quelquefois du chagrin à ton papa, tu es désobéissante envers ta maman!

— Je ne le serai plus de ma vie; je ne savais pas tout ce que vous aviez fait pour moi.

— Remarque bien les soins que nous allons avoir pour ton frère, et dis en toi-même : Et moi aussi, j'ai donné autant de peine à mes parents.

Cet entretien fit une vive impression sur Fanchette, et lorsqu'elle voyait toute la tendresse que sa mère montrait à son petit frère, toutes les inquiétudes qui l'agitaient sur sa santé, toute la patience qu'il lui fallait pour lui faire prendre sa nourriture, combien elle était affligée lorsqu'elle entendail ses cris, avec quel empressement son père la soulageait d'une partie des soins, comme l'un et l'autre se fatiguaient pour apprendre à l'enfant à marcher et à parler, elle se disait dans son cœur : Mes chers parents ont pris les mêmes peines pour moi. Ces réflexions lui inspirèrent tant de tendresse et de reconnaissance pour eux, qu'elle observa fidèlement la promesse qu'elle leur avait faite de ne leur causer jamais volontairement aucun chagrin.

LES QUATRE SAISONS.

DIEU FAIT BIEN CE QU'IL FAIT.

— Ah ! si l'hiver pouvait durer toujours ! disait le petit Fleuri au retour d'une course de traîneaux, en s'amusant dans le jardin à former des hommes de neige.

M. Gombault, son père, l'entendit, et lui dit :

— Mon fils, tu me ferais plaisir d'écrire ce souhait sur mes tablettes. Fleuri l'écrivit d'une main tremblante de froid.

L'hiver s'écoula, et le printemps survint.

Fleuri se promenait avec son père le long d'une plate-bande où fleurissaient des jacinthes, des auricules et des narcisses. Il était transporté de joie en respirant leur parfum et en admirant leur fraîcheur et leur éclat.

— Ce sont les productions du printemps, lui dit M. Gombault : elles sont brillantes, mais d'une bien courte durée.

— Ah ! répondit Fleuri, si c'était toujours le printemps !

— Voudrais-tu bien écrire ce souhait sur mes tablettes ? Fleuri l'écrivit en tressaillant de joie.

Le printemps fut bientôt remplacé par l'été.

Fleuri, dans un beau jour, alla se promener, avec ses parents et quelques compagnons de son âge, dans un village voisin. Ils trouvaient sur la route tantôt des blés verdoyants qu'un vent léger faisait rouler en ondes comme une mer doucement agitée, tantôt des prairies émaillées de mille fleurs. Ils voyaient de tous côtés bondir de jeunes agneaux, et des poulains pleins de feu faire mille gambades autour de leurs mères. Ils mangèrent des cerises, des fraises et d'autres fruits de la saison, et ils passèrent la journée entière à s'ébattre dans les champs.

— N'est-il pas vrai, Fleuri, lui dit M. Gombault en s'en retournant à la ville, que l'été a aussi ses plaisirs?

— Oh! répondit-il, je voudrais qu'il durât toute l'année! Et, à la prière de son père, il écrivit encore ce souhait sur ses tablettes.

Enfin l'automne arriva.

Toute la famille alla passer un jour en vendanges : il ne faisait pas tout-à-fait si chaud que dans l'été ; l'air était doux et le ciel serein ; les ceps de vigne étaient chargés de grappes noires, ou d'un jaune d'or ; les melons rebondis, étalés sur des couches, répandaient une odeur délicieuse ; les branches des arbres courbaient sous le poids des plus beaux fruits. Ce fut un jour de régal pour Fleuri, qui n'aimait rien tant que les raisins, les melons et les figues. Il avait encore le plaisir de les cueillir lui-même.

— Ce beau temps, lui dit son père, va bientôt passer : l'hiver s'achemine à grands pas vers nous pour rappeler l'automne.

— Ah ! répondit Fleuri, je voudrais bien qu'il restât en chemin, et que l'automne ne nous quittât jamais.

— En serais-tu bien content, Fleuri ?

— Oh ! très content, mon papa, je vous en réponds.

— Mais, repartit son père en tirant ses tablettes de sa poche, regarde un peu ce qui est écrit ici. Lis tout haut.

FLEURI *lit :* « Ah ! si l'hiver pouvait durer toujours ! »

M. GOMBAULT. Voyons à présent quelques feuillets plus loin.

FLEURI *lit :* « Si c'était toujours le printemps ! »

M. GOMBAULT. Et sur ce feuillet-ci, que trouvons-nous ?

FLEURI *lit :* « Je voudrais que l'été durât toute l'année ! »

M. GOMBAULT. Reconnais-tu la main qui a écrit tout cela ?

— C'est la mienne.

— Et que viens-tu de souhaiter à l'instant même ?

FLEURI. Que l'hiver s'arrêtât en chemin, et que l'automne ne nous quittât jamais.

M. GOMBAULT. Voilà qui est assez singulier. Dans l'hiver tu souhaitais que ce fût toujours l'hiver; dans le printemps, que ce fût toujours le printemps; dans l'été, que ce fût toujours l'été; et tu souhaites aujourd'hui, dans l'automne, que ce soit toujours l'automne. Songes-tu bien à ce qui résulte de cela?

— Que toutes les saisons de l'année sont bonnes?

— Oui, mon fils, elles sont toutes fécondes en richesses et en plaisirs; et Dieu s'entend bien mieux que nous, esprits limités que nous sommes, à gouverner la nature.

S'il n'avait tenu qu'à toi l'hiver dernier, nous n'aurions plus eu ni printemps, ni été, ni automne. Tu aurais couvert la terre d'une neige éternelle, et tu n'aurais jamais eu d'autres plaisirs que de courir sur des traîneaux et de faire des hommes de neige. De combien d'autres jouissances n'aurais-tu pas été privé par cet arrangement!

Nous sommes heureux de ce qu'il n'est

point en notre pouvoir de régler le cours de la nature. Tout serait perdu pour notre bonheur si nos vœux téméraires étaient exaucés.

———

LA NEIGE.

Après plusieurs annonces trompeuses de son retour, le printemps était enfin arrivé. Il soufflait un vent doux qui réchauffait les airs. On voyait la neige se fondre, les gazons reverdir, et les fleurs percer la terre : on n'entendait que le chant des oiseaux. La petite Louise était déjà allée à la campagne avec son père. Elle avait entendu les premières chansons des pinsons et des merles, et elle avait cueilli les premières violettes. Mais le temps changea encore une fois. Il s'éleva tout-à-coup un vent du nord violent, qui sifflait dans la forêt et couvrait les chemins de neige. La petite Louise entra toute tremblottante dans son lit, en remerciant Dieu de lui avoir dònné un gite si doux, à l'abri des injures de l'air.

Le lendemain matin, lorsqu'elle se leva, ah ! tout était blanchi. Il était tombé pendant la nuit une si grande quantité de neige, que les passants en avaient jusqu'aux genoux. Louise en fut attristée. Les petits oiseaux le paraissaient bien davantage. Comme toute la terre était couverte à une grande épaisseur, ils ne pouvaient trouver aucun grain, aucun vermisseau pour apaiser leur faim.

Tous les habitants emplumés des forêts se réfugiaient dans les villes et dans les villages, pour chercher des secours auprès des hommes. Des troupes nombreuses de moineaux, de linottes, de pinsons et d'alouettes, s'abattaient dans les chemins et dans les cours des maisons, et furetaient des pattes et du bec dans les amas de débris, afin d'y trouver quelque nourriture.

Il vint près d'une cinquantaine de ces hôtes dans la cour de la maison de Louise. Louise les vit, et elle entra toute affligée dans la chambre de son père.

— Qu'as-tu donc, ma fille? lui dit-il.

— Ah! mon papa, lui répondit-elle, ils sont tous là dans la cour, ces pauvres oiseaux qui chantaient si joyeusement il n'y a que deux jours. Ils semblent transis de froid, et ils demandent de quoi manger. Voulez-vous me permettre de leur donner un peu de grain?

— Bien volontiers, lui dit son père. Louise n'en attendit pas davantage. La grange était de l'autre côté du chemin : elle y courut avec sa bonne chercher des poignées de millet et de chènevis, qu'elle vint ensuite répandre dans la cour. Les oiseaux voltigeaient par troupes autour d'elle, et cherchaient le moindre petit grain. Louise s'occupait à les regarder, et elle en était toute réjouie. Elle alla chercher son père et sa mère pour venir aussi les regarder, et se réjouir avec elle.

Mais ces poignées de grains furent bientôt dévorées. Les oiseaux s'envolèrent sur les bords des toits, et ils regardaient Louise d'un air triste, comme s'ils avaient voulu lui dire : N'as-tu rien de plus à nous donner?

Louise comprit leur langage. Elle part aussitôt comme un trait, et court chercher de nouveaux grains. En traversant le chemin, elle rencontra un petit garçon qui n'avait pas, à beaucoup près, un cœur aussi compatissant que le sien. Il portait à la main une cage pleine d'oiseaux, et il la secouait si rudement, que les pauvres petites bêtes allaient à tout moment donner de la tête contre les barreaux.

Cela fit de la peine à Louise.

— Que veux-tu faire de ces oiseaux? demanda-t-elle au petit garçon.

— Je n'en sais rien encore, répondit-il.

Je vais chercher à les vendre ; et si personne ne veut les acheter, j'en régalerai
mon chat.

— Ton chat? répliqua Louise; ton
chat? ah ! le méchant enfant!

— Oh ! ce ne seraient pas les premiers
qu'il aurait croqués tout vifs. Et en ba-
lançant sa cage comme une escarpolette,
il allait s'éloigner à grands pas.

Louise l'arrêta, et lui demanda combien il voulait de ses oiseaux.

— Je vous les donnerai tous à un liard
la pièce : il y en a dix-huit.

— Eh bien! je les prends, dit Louise.
Elle se fit suivre du petit garçon, et courut demander à son père la permission
d'acheter ces oiseaux. Son père y consentit avec plaisir, il céda même à sa fille
une chambre vide pour y loger ses hôtes.

Jacquot (ainsi s'appelait le méchant
garçon) se retira fort content de son marché; et il alla dire à tous ses camarades

2

qu'il connaissait une petite demoiselle qui achetait les oiseaux.

Au bout de quelques heures, il se présenta tant de paysans à la porte de Louise, qu'on eût dit que c'était l'entrée du marché. Ils se pressaient tous autour d'elle, sautant l'un au-dessus de l'autre, et soulevant des deux mains leurs cages, pour lui demander la préférence chacun en faveur de ses oiseaux.

Louise acheta tous ceux qui lui étaient présentés et les porta dans la chambre où étaient les premiers.

La nuit vint. Il y avait bien longtemps que Louise ne s'était mise au lit avec un cœur aussi satisfait. Ne suis-je pas bien heureuse, se disait-elle, d'avoir pu sauver la vie à tant d'innocentes créatures et de pouvoir les nourrir? Lorsque l'été viendra, j'irai dans les champs et dans les forêts ; tous mes petits hôtes chanteront leurs plus jolies chansons pour me remercier des soins que j'aurai eus pour eux. Elle s'endormit sur cette réflexion, et elle rêva qu'elle était dans une forêt de la plus belle verdure. Tous les arbres étaient couverts d'oiseaux qui voltigeaient sur les branches en gazouillant, ou qui nourrissaient leurs petits : et Louise souriait dans son sommeil.

Elle se leva de fort bonne heure, pour aller donner à manger à ses petits hôtes dans la volière et dans la cour ; mais elle ne fut pas aussi contente ce jour-là qu'elle l'avait été la veille. Elle savait le compte de l'argent qu'elle avait mis dans sa bourse, et il ne devait plus lui en rester beaucoup. Si ce temps de neige dure encore quelques jours, dit-elle, que vont devenir les autres oiseaux ? Les méchants petits garçons vont les donner tout vifs à leur chat ; et faute d'un peu d'argent, je ne pourrai pas les sauver.

Dans ces tristes pensées, elle tire lentement sa bourse pour compter encore son petit trésor. Mais quel est son étonnement de la trouver si lourde! Elle l'ouvre, et la voit pleine de pièces de monnaie de toute valeur, mêlées et confondues ensemble : il y en avait jusqu'aux cordons. Elle court vite à son père, et lui raconte, avec des transports de surprise et de joie, ce qui vient de lui arriver.

Son père la prit contre son cœur, l'embrassa, et laissa couler ses larmes sur les joues de Louise. Ma chère fille, lui dit-il, tu ne m'as jamais donné tant de satisfaction que dans ce moment. Continue de soulager les créatures qui souffrent; à mesure que la bourse s'épuisera, tu la verras se remplir.

Quelle joie pour Louise! Elle courut dans la volière, ayant son tablier plein de chènevis et de millet. Tous les oiseaux voltigeaient autour d'elle, en regardant leur déjeuner d'un œil d'appétit. Elle descendit ensuite dans la cour, et offrit un ample repas aux oiseaux affamés.

Elle se voyait alors près de cent pensionnaires qu'elle nourrissait. C'était un plaisir! jamais ses poupées ni ses joujoux ne lui en avaient tant donné.

L'après-midi, en mettant la main dans le sac de chènevis, elle trouva ces paroles écrites dans un billet : « Les habitants » de l'air volent vers toi, Seigneur, et tu » leur donnes la nourriture ; tu étends la » main, et tu rassasies de tes bienfaits » tout ce qui respire. » Son père l'avait suivie. Elle se tourne vers lui, et lui dit : Je suis donc à présent comme Dieu : les habitants de l'air volent vers moi, et lorsque j'étends la main, je les rassasie de mes bienfaits?

— Oui, ma fille, lui dit son père ; toutes les fois que tu fais du bien à quelques créatures, tu es comme Dieu. Quand tu seras plus grande, tu pourras secourir tes semblables, comme tu secours aujourd'hui les oiseaux ; et tu ressembleras alors à Dieu bien davantage. Ah ! quel bonheur pour l'homme lorsqu'il peut agir comme Dieu !

Pendant huit jours, Louise étendit sa main, et rassasia tout ce qui avait faim autour d'elle. Enfin la neige se fondit, les champs reprirent leur verdure, et les oiseaux, qui n'avaient pas osé s'écarter de la maison, tournèrent leurs ailes vers la forêt.

Mais ceux qui étaient dans la volière y restaient renfermés. Ils voyaient le soleil, volaient contre la fenêtre, becquetaient les vitrages. C'était en vain ; leur prison était trop forte pour eux : Louise n'imaginait pas encore leur peine.

Un jour qu'elle leur apportait leur provision, son père entra quelques moments après elle. Ma chère Louise, lui dit-il, pourquoi ces oiseaux ont-ils l'air si inquiets ? il semble qu'ils désirent quelque chose. N'auraient-ils pas laissé dans les champs des compagnons qu'ils seraient bien aises de revoir ?

— Vous avez raison, mon papa; ils me semblent tristes depuis que les beaux jours sont revenus. Je vais ouvrir la fenêtre, et les laisser envoler.

— Je pense que tu ne ferais pas mal; tu répandrais la joie dans tout le pays. Ces petits prisonniers iraient trouver leurs amis, et ils voleraient au-devant d'eux, comme tu cours au-devant de moi lorsque j'ai été quelque temps absent de la maison.

Il n'avait pas fini de parler, que déjà toutes les fenêtres étaient ouvertes, et en deux minutes il ne resta pas un seul oiseau dans la chambre.

Louise allait tous les jours se promener dans la campagne, de tous côtés elle voyait ou elle entendait des oiseaux; et lorsqu'elle en entendait quelqu'un se distinguer par son ramage, Louise disait :

Voilà un de mes pensionnaires; on connaît à sa voix qu'il a été bien nourri cet hiver.

LE ROSIER A CENT FEUILLES

ET LE GENÊT D'ESPAGNE.

— Qui veut me donner un petit arbre pour mon jardin? disait un jour Frédéric à ses frères et à sa sœur. (Leur papa leur avait cédé à chacun un petit coin de terre pour y travailler.)

— Ce n'est pas moi, répondit Auguste.

— Ni moi, répondit Julien.

— C'est moi, c'est moi, répondit Joséphine. Quel est celui que tu veux?

— Un rosier, s'écria Frédéric; vois-tu le mien, le seul qui me reste? il est tout jauni.

— Viens en choisir un toi-même, dit Joséphine. Elle conduisit son frère au petit carré qu'elle cultivait, et lui montrant un beau rosier :

— Tiens, Frédéric, tu n'as qu'à le prendre.

FRÉDÉRIC. Comment, tu n'en as que

deux, et c'est le plus beau que tu me donnes! Non, non, ma sœur : voici le plus petit; c'est précisément celui qu'il me faut.

JOSÉPHINE. Quel plaisir aurais-je à te le donner? il ne te produirait peut-être pas de fleurs cette année. L'autre en aura, j'en suis sûre, et je puis le voir aussi bien fleurir dans ton jardin que dans le mien.

Frédéric, transporté de joie, emporta le rosier, et Joséphine le suivit, plus joyeuse encore que lui.

Le jardinier avait vu le trait d'amitié de la petite fille. Il courut tout de suite chercher un beau pied de genêt d'Espagne, et il le planta dans le jardin de Joséphine, à la place que venait de quitter son rosier.

Ceux qui ont un mauvais cœur n'ont pas ordinairement un esprit bien soigneux. Lorsque le mois de mai arriva, les rosiers d'Auguste et de Julien, négligés dans leur culture, poussèrent à peine quelques fleurs, dont la plupart moururent dans le bouton. Celui de Frédéric, au contraire, cultivé par ses mains et par celles de Joséphine, porta les plus belles roses à cent feuilles de tout le pays. Aussi longtemps qu'il fleurit, Frédéric eut chaque jour une rose à donner à sa sœur pour mettre dans son sein, et une autre pour placer dans ses cheveux.

Le genêt d'Espagne fleurit aussi très heureusement. On en respirait l'agréable parfum des deux extrémités du jardin.

LE SERIN.

— Serins à vendre ! qui veut acheter des serins, de jolis serins ?

Ainsi criait un homme en passant devant la maison de Joséphine. Joséphine l'entendit : elle courut à la fenêtre, et regarda de tous côtés dans la rue. C'était un marchard d'oiseaux qui en portait une grande cage sur sa tête. Elle était toute pleine de serins ; ils sautillaient si légèrement sur les bâtons et gazouillaient si joliment, que Joséphine, emportée par sa curiosité, faillit se précipiter par la fenêtre pour les voir de plus près.

— Voulez-vous achetez un serin, mademoiselle? lui cria l'oiseleur.

— Peut-être bien, lui répondit Joséphine ; attendez un peu ; je vais en demander la permission à mon papa.

L'oiseleur lui promit d'attendre. Il y avait une large borne de l'autre côté de la rue, il y déposa sa cage, et se tint debout à côté. Joséphine, dans cet intervalle, courut à la chambre de son père ; elle y entra tout essoufflée, en lui criant : Venez vite, mon papa ; venez, venez.

M. DE GOURCY. Et qu'y a-t-il donc de si pressé?

JOSÉPHINE. C'est un homme qui vend

des serins : il en a, je crois, plus d'un cent; une grande cage toute pleine, qu'il porte sur sa tête.

M. DE GOURCY. Et pourquoi en as-tu tant de joie?

JOSÉPHINE. Ah! mon papa, c'est que je veux... c'est-à-dire, si vous me le permettez, je voudrais bien en acheter un.

M. DE GOURCY. Et as-tu de l'argent?

JOSÉPHINE. Oh! j'en ai assez dans ma bourse.

M. DE GOURCY. Mais qui nourrira ce pauvre oiseau?

JOSÉPHINE. Moi, moi, mon papa. Vous verrez; il sera bien aise de m'appartenir.

M. DE GOURCY. Ah! je crains bien...

JOSÉPHINE. Et quoi donc?

M. DE GOURCY. Que tu ne le laisses mourir de soif ou de faim.

JOSÉPHINE. Moi, le laisser mourir de soif ou de faim? Oh! non certainement. Je ne toucherai jamais à mon déjeuner avant que mon oiseau n'ait eu le sien.

M. DE GOURCY. Joséphine, Joséphine, tu es bien étourdie ; tu n'as qu'à l'oublier un jour seulement...

Joséphine donna de si belles paroles à son père, elle lui fit tant de caresses, et le tiraila si fort par le pan de son habit, que M. de Gourcy voulut bien céder à l'envie de sa fille. Il traversa la rue en la tenant par la main. Ils arrivèrent à la cage, et choisirent le plus beau serin de toute la volière. C'était un mâle du jaune le plus brillant, avec une petite huppe noire sur la tête. Qui fut jamais plus content que ne l'était alors Joséphine ? Elle présenta sa bourse à son père pour qu'il y prît de quoi payer l'oiseau. M. de Gourcy tira de la sienne de quoi acheter une belle cage garnie d'une mangeoire et d'un abreuvoir de cristal.

Joséphine n'eut pas plus tôt installé le serin dans son petit palais, qu'elle courut par toute la maison, en appelant sa mère, ses sœurs, tous les domestiques, et leur montrant l'oiseau que son père avait bien voulu lui acheter. Lorsqu'il venait quelqu'une de ses petites amies, les premiers mots qu'elle leur disait, c'était : Savez-vous bien que j'ai le plus joli serin de tout Paris? il est jaune comme de l'or, et il a un panache noir comme les plumes du chapeau de maman. C'est un mâle. Venez, venez, je vais vous le montrer; il s'appelle Mimi.

Mimi se trouvait fort bien des soins de Joséphine. Elle ne songeait, en se levant, qu'à lui donner du grain nouveau et de l'eau bien pure. Lorsqu'on servait des biscuits sur la table de son père, la part de Mimi était faite la première. Elle avait toujours en réserve des morceaux de sucre pour lui. La cage était garnie de tous côtés de mouron frais et de grappes de millet. Mimi ne fut pas ingrat à tant d'attentions : il apprit à distinguer Joséphine; et au premier pas qu'elle faisait dans la chambre, c'étaient des battements d'ailes et des *cuic, cuic,* qui ne finissaient pas. Joséphine le mangeait de baisers.

Au bout de huit jours, il commença à chanter; il se faisait lui-même des airs fort jolis. Quelquefois il roulait si long-temps sa voix dans son gosier, qu'on aurait cru qu'il allait tomber expirant de fatigue au bout de ses cadences; puis, après s'être interrompu un moment, il recommençait de plus belle, et d'un son si fort et si brillant qu'on l'entendait dans toute la maison.

Joséphine passait des heures entières à l'écouter, assise auprès de sa cage. Elle laissait quelquefois tomber son ouvrage de ses mains pour le regarder; et lorsqu'il l'avait régalée d'une jolie chanson, elle le régalait à son tour d'un air de serinette, qu'il cherchait ensuite à répéter.

Cependant Joséphine s'accoutuma peu à peu à ces plaisirs. Son père lui fit un jour présent d'un livre d'estampes. Elle

en fut si agréablement occupée, que Mimi
en fut un peu négligé. *Cuic, cuic*, disait-
il toujours d'aussi loin qu'il voyait Joséphine : Joséphine ne l'entendait plus.

Près de huit jours s'étaient écoulés sans
qu'il eût ni mouron frais ni biscuit. Il
répétait les plus jolis airs que Joséphine
lui eût appris, il en composait de nouveaux pour elle; tout cela inutilement;
vraiment Joséphine avait bien d'autres
choses en tête.

Le jour de sa fête était arrivé. Son par-
rain lui avait donné une grande poupée
qui allait sur des roulettes. Cette poupée,
qu'elle appelait Colombine, acheva de
faire oublier Mimi. Depuis l'instant
qu'elle se levait jusqu'au soir, elle ne
s'occupait qu'à habiller et à déshabiller
cent fois mademoiselle Colombine, à lui
parler, et à la promener dans la chambre.
Le pauvre oiseau était encore bien content lorsqu'on lui donnait sur la fin du
jour quelque nourriture.

Quelquefois il lui arrivait d'attendre jusqu'au lendemain.

Enfin, un jour M. de Gourcy étant à table, et tournant par hasard les yeux vers la cage, vit que le serin était couché sur le ventre et qu'il haletait avec peine. Ses plumes étaient hérissées, et il paraissait rond comme un peloton. M. de Gourcy s'approche : plus de ces *cuic*, *cuic* d'amitié ; la pauvre bête avait à peine assez de force pour respirer.

— Joséphine ! s'écria M. de Gourcy, qu'a donc ton serin ? Joséphine rougit.

— Ah ! mon papa, c'est que j'ai... c'est que j'ai oublié... et elle alla toute tremblante chercher la boîte de millet. M. de Gourcy décrocha la cage, et visita la mangeoire et l'abreuvoir. Hélas ! Mimi n'avait plus un seul grain, pas une goutte d'eau.

— Ah ! mon pauvre oiseau ! s'écria M. de Gourcy, tu es tombé en des mains bien cruelles. Si je l'avais prévu, je ne l'aurais jamais acheté. Toute la compagnie qui était à table se leva en frappant dans ses mains et en s'écriant : Le pauvre oiseau !

M. de Gourcy mit du grain dans la mangeoire et remplit l'abreuvoir d'eau fraîche ; il eut bien de la peine à rappeler Mimi à la vie.

Joséphine sortit de table, monta dans sa chambre en pleurant, et mouilla tout un mouchoir de ses larmes.

Le lendemain, M. de Gourcy ordonna qu'on emportât l'oiseau hors de la maison, et qu'on en fît présent au fils de M. de Marsay, son voisin, qui passait pour un enfant très soigneux, et qui aurait pour lui plus d'attentions que Joséphine. Il aurait fallu entendre les regrets et les plaintes de la petite fille : Ah ! mon cher oiseau ! mon pauvre Mimi ! Tenez, je vous le promets bien, mon papa, je ne l'oublierai jamais un seul instant de ma vie ; laissez-le-moi encore pour cette fois. M. de Gourcy se laissa enfin toucher par les prières de Joséphine, et lui rendit le serin.

Ce ne fut pas sans lui faire une réprimande sévère et des exhortations pressantes pour l'avenir : Cette pauvre bête, lui dit-il, est renfermée, et n'est pas en état de pourvoir elle-même à ses besoins. Lorsqu'il te manque quelque chose, tu peux le demander ; mais Mimi ne sait pas faire entendre son langage. Si tu lui laisses encore souffrir, ou la soif ou la faim...

A ces mots, un torrent de larmes coula sur les joues de Joséphine. Elle prit les mains de son papa, et les baisa ; mais la douleur l'empêcha de proférer une parole.

Voilà Joséphine maîtresse une seconde fois de Mimi, et Mimi réconcilié de bon cœur avec Joséphine. Un mois après, M. de Gourcy fut obligé d'entreprendre un voyage de quelques jours avec sa femme.

— Joséphine, Joséphine, dit-il en partant à sa fille, je te recommande bien le pauvre Mimi.

A peine ses parents furent-ils entrés dans la voiture, que Joséphine courut à la cage, et pourvut soigneusement l'oiseau de tout ce qui lui était nécessaire. Quelques heures après, elle commença à s'ennuyer ; elle envoya chercher ses petites amies, et sa gaieté revint. Elles allèrent ensemble à la promenade, et, à leur retour, elles passèrent une partie de la soirée à jouer à colin-maillard et aux quatre coins ; la danse vint ensuite. Enfin la petite compagnie se sépara fort tard ; et Joséphine se mit au lit harassée de fatigue.

Le lendemain, dès la pointe du jour, elle se réveilla en pensant aux amusements de la veille. Si sa gouvernante avait voulu l'en croire, elle aurait couru, en se levant, chez les demoiselles de Saint-Maur : il fallut attendre jusqu'à l'après-dîner ; mais à peine eut-elle achevé son repas, qu'elle se fit conduire chez ces demoiselles.

Et Mimi ? Il fut obligé de rester seul et de jeûner.

Le jour suivant se passa aussi dans les plaisirs.

Et Mimi ? Il fut encore oublié. Il en fut de même du troisième jour.

Et Mimi ? Qui aurait pensé à lui dans toutes ces dissipations ?

Le quatrième jour, M. et Mme de Gourcy revinrent de leur voyage. Joséphine ne s'était guère occupée de leur retour. A peine son père l'eut-il embrassée et se fut-il informé de sa santé, qu'il lui dit : Comment se porte Mimi ?

— Fort bien, s'écria Joséphine un peu surprise ; et elle courut vers la cage pour apporter l'oiseau. Hélas ! la pauvre bête ne vivait plus ; elle était couchée sur le ventre, les ailes étendues et le bec ouvert.

Joséphine poussa un grand cri et se

tordit les mains. Toute la famille accou-
rut, et fut témoin de ce malheur.

— Ah ! mon pauvre oiseau, s'écria
M. de Gourcy, que ta mort a été doulou-
reuse ! Si je t'avais étouffé le jour de mon
départ, tu n'aurais eu qu'un moment à
souffrir, au lieu que tu as enduré pendant
plusieurs jours les tourments de la faim
et de la soif, et que tu es mort dans une
longue et cruelle agonie. Tu es encore
bien heureux d'être délivré des mains
d'une gardienne si impitoyable.

Joséphine aurait voulu se cacher dans
les entrailles de la terre ; elle aurait donné
tous ses *joujoux* et toutes ses épargnes
pour racheter la vie à Mimi ; mais tout
cela était alors inutile.

M. de Gourcy prit l'oiseau, le fit vider
et remplir de paille, et le suspendit au
plancher. Joséphine n'osait y porter ses
regards : les larmes lui venaient aux yeux
toutes les fois que, par hasard, elle l'aper-

cevait ; elle priait chaque jour son père de l'ôter de sa vue.

M. de Gourcy n'y consentit qu'après bien des instances. Toutes les fois qu'il échappait à Joséphine quelque trait d'étourderie et de légèreté, l'oiseau était remis à sa place, et elle entendait dire à tout le monde : « Pauvre Mimi, tu as souffert une mort bien cruelle ! »

LE CONTRE-TEMPS UTILE.

Dans une belle matinée du mois de juin, Alexis se disposait à partir avec son père pour une partie de plaisir qui, depuis quinze jours, était l'objet de toutes ses pensées. Il s'était levé de très bonne heure, contre son ordinaire, pour hâter les préparatifs de l'expédition. Enfin, au moment où il croyait avoir atteint le terme de ses espérances, le ciel s'obscurcit tout-à-coup, les nuages s'entassèrent, un vent orageux courbait les arbres et soulevait la poussière en tourbillons. Alexis descendait à chaque instant dans le jardin pour observer l'état du ciel, puis il remontait les degrés trois à trois pour consulter le baromètre. Le ciel et le baromètre s'accordaient à parler contre lui. Cependant il ne craignait point de rassurer son père et de lui protester que toutes ces apparences fâcheuses allaient se dissiper en un clin d'œil, qu'il ferait même bientôt le plus beau temps du monde; et il conclut qu'il fallait partir tout de suite pour en profiter.

M. de Ponval, qui n'avait pas une confiance aveugle dans les pronostics de son fils, crut qu'il était plus sage d'attendre encore. Au même instant les nues crevèrent, et une pluie impétueuse fondit sur la terre. Alexis, doublement confondu, se mit à pleurer, et refusa obstinément toute consolation.

La pluie continua jusqu'à trois heures de l'après-midi. Enfin les nuages se dispersèrent, le soleil reprit son éclat, le ciel sa sérénité, et toute la nature respirait la fraîcheur du printemps. L'humeur d'Alexis s'était par degrés éclaircie comme l'horizon. Son père le mena dans les champs; et le calme des airs, le ramage des oiseaux, la verdure des prairies, les doux parfums qui s'exhalaient autour de lui, achevèrent de ramener la paix et la joie dans son cœur.

— Ne remarques-tu pas, lui dit son père, la révolution délicieuse qui vient de s'opérer dans toute la création? Rappelle-toi les tristes images qui affligeaient hier nos regards : la terre crevassée par une longue sécheresse, les fleurs décolorées et penchant leurs têtes languissantes, toute la végétation qui semblait décroître. A quoi devons-nous attribuer le rajeunissement soudain de la nature?

— A la pluie qui vient de tomber aujourd'hui, répondit Alexis.

L'injustice de ses plaintes et la folie de sa conduite le frappèrent vivement en prononçant ces mots. Il rougit; et son père jugea qu'il suffisait de ses propres réflexions pour lui apprendre une autre fois à sacrifier sans regret un plaisir personnel au bien général de l'humanité.

LA PETITE FILLE GROGNON.

O vous, enfants, qui avez eu le malheur de contracter une habitude vicieuse! c'est pour votre consolation et pour votre encouragement que je vais raconter l'histoire suivante. Vous y verrez qu'il est possible de se corriger lorsqu'on en prend au fond de son cœur la courageuse résolution.

Rosalie, jusqu'à sa septième année,

avait été la joie de ses parents. A cet âge,
où la lumière naissante de la raison com-
mence à nous découvrir la laideur de nos
défauts, elle en avait pris un au contraire
qu'on ne peut mieux vous peindre qu'en
vous rappelant ces petits chiens hargneux
qui grognent sans cesse, et qui semblent
toujours prêts à se jeter sur vos jambes
pour les déchirer.

Si l'on touchait, par mégarde, à quelqu'un de ses joujoux, elle vous regardait
de travers, et murmurait un quart d'heure
entre ses dents.

Lui faisait-on quelque léger reproche,
elle se levait, trépignait des pieds, ren-
versait les chaises et les fauteuils.

Son père, sa mère, personne dans la
maison ne pouvait plus la souffrir.

Il est bien vrai qu'elle se repentait
quelquefois de ses fautes. Elle répandait
même souvent des larmes secrètes, en se
voyant devenue un objet d'aversion pour
tout le monde, jusqu'à ses parents ; mais

l'habitude l'emportait bientôt, et son humeur devenait de jour en jour plus acariâtre.

Un soir (c'était la veille du jour des étrennes), elle vit sa mère qui passait dans son appartement en portant une corbeille sous sa pelisse.

Rosalie voulait la suivre ; madame de Fougères lui ordonna de rentrer dans le salon. Elle prit à ce sujet la mine la plus grogneuse qu'elle eût jamais eue, et ferma la porte si rudement, qu'on entendit craquer tous les vitrages des croisées.

Une demi-heure après, sa mère lui fit dire de passer chez elle. Quelle fut sa surprise de voir la chambre éclairée de vingt bougies, et la table couverte des joujoux les plus brillants ! Elle ne put proférer une parole, transportée, comme elle l'était, de joie et d'admiration.

— Approche, Rosalie, lui dit sa mère, et lis sur ce papier pour qui toutes ces choses sont destinées. Rosalie s'approcha, et vit au milieu de ses joujoux un billet ouvert. Elle le prit, et y lut, en grosses lettres, les mots suivants : *Pour une aimable petite fille, en récompense de sa douceur.* Elle baissa les yeux, et ne dit mot.

— Eh bien ! Rosalie, à qui cela est-il destiné ? lui dit sa mère.

— Ce n'est pas à moi, répondit Rosalie, et les larmes lui vinrent aux yeux.

— Voici encore un autre billet, reprit madame de Fougères ; vois s'il ne serait pas question de toi dans celui-ci.

Rosalie prit le billet, et lut : *Pour une petite fille grognon, qui reconnaît ses défauts, et qui, en commençant une nouvelle année, va travailler à s'en corriger.*

— Oh ! c'est moi, c'est moi, s'écria-t-elle en se jetant dans les bras de sa mère et en pleurant amèrement.

Madame de Fougères versa aussi des larmes, moitié de chagrin sur les défauts de sa fille, et moitié de joie sur le repentir qu'elle en témoignait.

— Allons, lui dit-elle après un moment de silence, prends donc ce qui t'appartient; et que Dieu, qui a entendu ta résolution, te donne la force de l'exécuter.

— Non, ma chère maman, répondit Rosalie, tout cela n'appartient qu'à la personne du premier billet. Gardez-le-moi jusqu'à ce que je sois cette personne. C'est vous qui me direz quand je le serai devenue.

Cette réponse fit beaucoup de plaisir à madame de Fougères. Elle rassembla aussitôt les joujoux, les mit dans une commode, et en présenta la clef à Rosalie en lui disant : Tiens, ma chère fille, tu ouvriras la commode quand tu jugeras toi-même qu'il en sera temps.

Il s'était déjà écoulé près de six semaines sans que Rosalie eût eu le moindre accès d'humeur.

Elle se jeta un jour au cou de sa mère,

et lui dit d'une voix étouffée : Ouvrirai-je la commode, maman ?

— Oui, ma fille, tu peux l'ouvrir, lui répondit madame de Fougères en la serrant tendrement dans ses bras. Mais, dis-moi donc, comment as-tu fait pour vaincre ainsi ton caractère ?

— Je m'en suis occupée sans cesse, lui répliqua Rosalie. Il m'en a bien coûté ; mais tous les matins et tous les soirs, cent fois dans la journée, je priais Dieu de soutenir mon courage.

Madame de Fougères répandit les plus douces larmes. Rosalie se mit en possession des joujoux, et bientôt après des cœurs de tous ses amis.

Sa mère raconta cet heureux changement en présence d'une petite fille qui avait le même défaut. Celle-ci en fut si frappée, qu'elle prit sur-le-champ la résolution d'imiter Rosalie, pour devenir aimable comme elle. Ce projet eut le même succès. Ainsi, Rosalie ne fut pas seulement plus heureuse pour elle-même, elle rendit aussi heureux tous ceux qui voulurent profiter de son exemple. Quel enfant bien né ne voudrait pas jouir de cette gloire et de ce bonheur?

———

LES ENFANTS

QUI VEULENT SE GOUVERNER EUX-MÊMES.

CASIMIR. Ah! mon papa, que je voudrais être grand, grand comme vous.

M. D'ORSAY. Et pourquoi le voudrais-tu, mon fils?

CASIMIR. C'est que je n'aurais plus à recevoir les ordres de personne, et que je pourrais faire tout ce qui me passerait par la tête.

M. D'ORSAY. Il en arriverait des choses bien merveilleuses, j'imagine.

CASIMIR. Oh! je vous en réponds.

M. D'ORSAY. Et toi, Julie, voudrais-tu

aussi être libre de faire tout ce qui te plairait ?

JULIE. Vraiment oui, mon papa.

CASIMIR. Oh ! si Julie et moi nous étions les maîtres !

M. D'ORSAY. Mes enfants, je puis vous donner cette satisfaction. Dès demain au matin vous aurez la liberté de vous conduire absolument à votre fantaisie.

CASIMIR. Vous vous moquez de nous, mon papa.

M. D'ORSAY. Non, je parle très sérieusement. Demain, ni votre mère, ni moi, personne enfin dans la maison ne s'avisera de contrarier vos volontés.

CASIMIR. Quel plaisir nous allons avoir de nous sentir la bride sur le cou !

M. D'ORSAY. Ce n'est pas tout. Je ne prétends pas vous donner cet empire pour demain seulement : je vous l'abandonne jusqu'à ce que vous veniez me prier vous-mêmes de reprendre mon autorité.

CASIMIR. Sur ce pied-là, nous serons longtemps nos maîtres.

M. D'ORSAY. Je serai bien aise de vous voir vous gouverner vous-mêmes. Ainsi, préparez-vous à être demain de grands personnages.

Le lendemain arriva. Les deux enfants, au lieu de se lever à sept heures, comme à l'ordinaire, restèrent jusqu'à près de neuf heures au lit. Un trop long sommeil nous rend tristes et pesants ; c'est ce qui arriva à Casimir et à Julie. Ils se réveillèrent enfin d'eux-mêmes, et se levèrent d'assez mauvaise humeur.

Cependant ils s'égayèrent un peu par la douce pensée de faire, pendant le jour entier, tout ce qui leur viendrait dans l'idée.

— Allons, par où commençons-nous? dit Casimir à sa sœur quand ils furent habillés et qu'ils eurent déjeuné.

JULIE. Nous allons jouer.

CASIMIR. Et à quoi?

JULIE. Il faut bâtir des châteaux de cartes.

CASIMIR. Oh ! c'est un amusement bien triste ! je n'en suis pas.

JULIE. Veux-tu jouer à colin-maillard ?

CASIMIR. Nous ne sommes que deux.

JULIE. Aux dames ou au domino ?

CASIMIR. Tu sais que je ne puis souffrir ces jeux, où l'on est assis.

JULIE. Eh bien ! propose-m'en quelqu'un de ton goût.

CASIMIR. Nous n'avons qu'à jouer au cheval fondu.

JULIE. Oui, c'est un joli jeu pour une demoiselle !

CASIMIR. Nous jouerons, si tu veux, au carrosse ; tu seras le cheval, et moi le cocher.

JULIE. Oui-dà ! pour me charger de coups de fouet, comme l'autre jour. Je ne l'ai pas oublié.

CASIMIR. Je ne le fais qu'à regret. C'est que tu ne vas jamais le galop.

JULIE. Mais cela me fait mal. Non, non, point de ces jeux.

CASIMIR. Tu ne veux donc pas? Eh bien! jouons à la chasse. Je serai le chasseur et tu seras la biche. Prends garde à toi, je vais te relancer.

JULIE. Fi de ta chasse! tu as toujours tes pieds sur mes talons et tes poings enfoncés dans mes côtes.

CASIMIR. Puisque tu ne veux jouer à aucun de mes jeux, jamais je ne jouerai avec toi, entends-tu bien?

JULIE. Ni moi avec toi; m'entends-tu bien aussi?

A ces mots, du milieu de la chambre où ils étaient, chacun s'en alla dans un coin; et ils furent longtemps sans se regarder et sans se dire une parole.

Ils en étaient encore à se bouder lorsque l'horloge sonna. Dix heures! Il ne leur restait plus que deux heures de la matinée. Casimir enfin se rapprocha de sa sœur, et lui dit : Il faut faire tout ce que tu veux. Allons, je jouerai avec toi aux dames, à douze marrons la partie.

JULIE. Oh ! je n'ai pas de marrons. Et tu sais bien que tu m'en dois une douzaine, qu'il faut d'abord me payer.

CASIMIR. Je te les devais hier ; mais je ne te dois rien aujourd'hui.

JULIE. Et comment t'es-tu racquitté, s'il te plaît ?

CASIMIR. C'est qu'on n'a rien à demander à ceux qui sont leurs maîtres.

JULIE. Va, je dirai à mon papa ta coquinerie.

CASIMIR. Mon papa n'a plus de pouvoir sur moi à présent.

JULIE. En ce cas, je ne jouerai pas.

CASIMIR. Tu en es bien la maîtresse.

Seconde bouderie ; et les voilà encore aux deux bouts de la chambre. Casimir se mit à siffler, Julie à chanter. Casimir noua un fouet et le fit claquer ; Julie arrangea sa poupée et entama une conversation avec elle. Casimir grommelait en-

4

tre ses dents, Julie poussait des soupirs.

L'horloge sonne encore. Onze heures ! Ils n'avaient plus qu'une heure avant leur dîner. Casimir lance de dépit son fouet par la fenêtre ; Julie jette sa poupée dans un coin. Ils se regardent l'un l'autre, et ne savent que se dire.

Julie enfin rompt le silence : Allons, Casimir, je veux être ton cheval.

CASIMIR. Ah ! voilà qui est bien ! J'ai un grand cordon qui servira de bride : le voici. Prends-le dans ta bouche.

JULIE. Je ne le veux pas dans ma bouche. Passe-le-moi autour du corps, ou attache-le à mon bras.

CASIMIR. Comme tu parles! As-tu jamais vu que les chevaux aient le mors ailleurs qu'entre les dents?

JULIE. Mais je ne suis pas un véritable cheval.

CASIMIR. Tu dois faire comme si tu l'étais.

JULIE. Je ne vois pas que cela soit bien nécessaire.

CASIMIR. Je pense que tu veux en savoir là-dessus plus que moi, qui suis tout le jour dans l'écurie. Allons, prends-le comme il faut.

JULIE. Il y a huit jours que tu le traînes dans l'ordure ; je ne le mettrai jamais dans ma bouche.

CASIMIR. Et moi je ne le veux pas ailleurs. J'aime mieux ne pas jouer.

JULIE. Comme tu voudras.

Troisième bouderie, plus hargneuse que les deux premières. Casimir va ramasser son fouet ; Julie reprend sa poupée. Mais le fouet ne sait plus claquer, les ajustements de la poupée vont tout de travers. Casimir soupire, Julie pleure. Midi sonne dans cet intervalle ; et M. d'Orsay vient leur demander s'ils veulent qu'on leur serve à dîner.

— Mais qu'avez-vous donc ? leur dit-il en les voyant tous deux dans la tristesse.

— Ce n'est rien, mon papa, répondirent les enfants. Ils s'essuyèrent les yeux et suivirent leur père dans la salle à manger.

On servit ce jour-là plusieurs plats sur leur table. Il y avait même une bouteille de vin auprès de chaque couvert.

— Mes enfants, leur dit M. d'Orsay, si j'avais encore quelques droits sur vous, je vous défendrais de manger de tous ces plats, et surtout de boire du vin. Je vous prescrirais au moins de n'en prendre qu'en très petite quantité, parce que je sais que le vin et les épiceries sont dangereux pour les enfants. Mais vous êtes maintenant vos maîtres : vous pouvez boire et manger suivant votre caprice.

Les enfants ne se le laissèrent pas dire deux fois. L'un avalait de gros morceaux de viande sans pain, l'autre prenait de la sauce à grandes cuillerées. Ils se versaient de pleines rasades de vin qu'ils oubliaient de tremper

— Mais, mon ami, dit tout bas madame d'Orsay à son mari, ils vont en être incommodés.

— Je le crains, ma femme, répondit M. d'Orsay; mais j'aime mieux qu'ils apprennent une fois à leurs dépens combien on se fait tort par son ignorance, que si, trop occupés maintenant de leur santé, nous leur dérobions le fruit d'une importante leçon. Madame d'Orsay comprit l'intention de son mari, et elle laissa nos étourdis se livrer à leur gourmandise.

On se leva de table. Le ventre des enfants était tendu comme un tambour, et leurs petites têtes commencèrent à s'échauffer.

— Viens, viens, Julie, s'écria Casimir; et il emmena sa sœur avec lui dans le jardin. M. d'Orsay crut devoir les suivre à la piste.

Il y avait dans le jardin un petit étang, au bord de l'étang un batelet; Casimir eut la fantaisie d'y entrer. Julie l'arrêta.

— Tu sais bien, lui dit-elle, que cela nous est défendu.

— Défendu, répondit Casimir. As-tu oublié que nous ne dépendons plus que de nous-mêmes ?

— Ah ! tu as raison, lui dit Julie.

Elle donna la main à son frère, et ils entrèrent tous deux dans le batelet.

M. d'Orsay approcha de plus près, mais il ne jugea pas à propos de se découvrir. Il savait que l'étang n'était pas bien profond. Quand ils y tomberaient, se disait-il, je n'aurais pas beaucoup de peine à les en retirer.

Les deux enfants voulaient détacher le bateau du bord et le pousser vers le milieu de l'étang ; mais ils ne purent jamais venir à bout de défaire les nœuds du cordage qui le retenait.

— Puisque nous ne pouvons pas naviguer, dit l'écervelé Casimir, il faut du moins nous balancer.

Aussitôt, ayant écarté ses jambes vers

les deux bords du batelet, il commença à
le faire pencher d'un côté, puis de l'autre.

Leur tête étant un peu embarrassée, ils
ne tardèrent pas longtemps à chanceler
sur leurs jambes. Ils se saisirent l'un l'autre pour se soutenir ; mais, *plumb !* ils
tombèrent ensemble sur le bord du batelet, et du bord dans l'étang. M. d'Orsay
sortit, prompt comme l'éclair, de l'endroit
où il était caché. Il se jeta dans l'eau,
saisit de chaque main un de ses téméraires enfants, et les ramena à la maison
demi-morts de frayeur.

Ils eurent des vomissements violents
pendant qu'on leur ôtait leurs habits et
qu'on les frottait. Enfin, on les mit chacun
dans un lit bien chaud. Ils étaient suc-
cessivement dans un accablement et dans
des convulsions qui faisaient frémir. Ils
se plaignaient d'un mal de tête affreux
et de tiraillements d'entrailles ; ils tom-
baient à chaque instant en faiblesse, puis
c'étaient des nausées et des étouffements.

C'est dans cet état déplorable qu'ils passèrent le reste du jour. Il leur échappait des sanglots et des torrents de larmes, jusqu'à ce qu'enfin ils s'endormirent de lassitude.

Le lendemain au matin, de bonne heure, leur père entra dans leur chambre, et leur demanda comment ils avaient passé la nuit.

— Pas trop bien, répondirent-ils l'un et l'autre d'une voix affaiblie : nous nous sommes levés très souvent, et la tête et le ventre nous font encore mal.

— Pauvres enfants, leur dit M. d'Orsay, que je vous plains! Mais, reprit-il un moment après, que ferez-vous aujourd'hui de votre liberté? vous vous souvenez qu'elle vous appartient encore.

— Oh! non, non, répondirent-ils tous les deux avec précipitation.

— Et pourquoi donc, mes amis? vous disiez l'autre jour qu'il était si triste de faire les volontés des autres.

— Nous avons été bien corrigés de notre folie, répondit Casimir.

— C'est pour longtemps, ajouta Julie.

M. D'ORSAY. Vous ne voulez donc plus vous appartenir ?

CASIMIR. Non, mon papa. Dites-nous plutôt ce que nous avons à faire.

JULIE. Cela vaudra beaucoup mieux pour nous.

M. D'ORSAY. Pensez bien à ce que vous dites ; car, si je reprends mon pouvoir, je vous préviens que j'aurai quelque chose de désagréable à vous ordonner.

CASIMIR. N'importe, mon papa... Nous voilà prêts à faire tout ce que vous jugerez à propos.

M. D'ORSAY. Eh bien ! j'ai ici une poudre jaunâtre qu'on appelle rhubarbe : elle a mauvais goût, mais elle est excellente pour les personnes qui ont dérangé leur estomac par des excès. Puisque vous consentez à suivre les ordres que je vous donne, je vous commande de prendre

tout de suite cette poudre ; qu'on m'o-
béisse !

CASIMIR. Oui, oui, mon papa.

JULIE. Quand ce serait amer comme
du chicotin.

M. d'Orsay fit des pilules qu'il leur présenta. Les enfants, sans se tordre la bouche de grimaces, comme ils faisaient au-
paravant, les avalèrent à l'envi l'un de
l'autre. Ce remède fit heureusement son
effet, et ils guérirent tous deux.

Lorsqu'on voulait dans la suite les me-
nacer d'une punition effrayante, on leur
disait : Nous allons vous donner la liberté ; et les enfants tremblaient encore
plus de cette menace que ceux à qui l'on
disait : Je vais vous mettre en prison.

LA PHYSIONOMIE.

M. d'Orville ayant un jour surpris sa
fille Agathe fort occupée devant son mi-

roir, ils eurent à ce sujet l'entretien suivant :

— Te voilà bien parée, Agathe ; tu as sans doute des visites à recevoir ou à rendre ?

— Oui, mon papa ; je dois aller passer la soirée chez la demoiselle Saint-Aubin.

— J'ai cru que tu allais figurer dans quelque cercle de duchesse. A quoi bon toute cette parure pour des amies que tu vois tous les jours ?

— C'est que, mon papa, c'est que... lorsqu'on va chez les autres, on ne doit pas être en désordre comme on l'est chez soi.

— Tu es donc ordinairement en désordre chez toi ?

— Oh ! non, mais vous sentez que cela doit faire une différence.

— J'entends ; tu veux dire qu'on doit être un peu mieux arrangé. Mais il m'a semblé, en entrant, que tu t'occupais aussi du soin de ta mine et de ton maintien. Ton miroir te dit-il que tes études t'aient réussi? (*Agathe baisse les yeux et rougit.*) Quel est donc ton dessein?

— Mon papa, c'est qu'on n'est pas fâchée de plaire, et... surtout qu'on ne veut pas se montrer d'une manière à faire peur.

— Ah! ah! il dépend donc de nous de plaire ou de faire peur?

— Non, pas tout-à-fait. J'entends par là... ce qu'on entend ordinairement par faire peur.

— Je serais bien aise de l'apprendre. Cela peut me servir aussi à moi.

— Mais, par exemple, lorsqu'on est criblé de petite vérole, qu'on a le nez épaté, la bouche trop fendue et les yeux chassieux.

— Grâces à Dieu, tu n'as aucune de ces difformités, et tu as même une physionomie assez drôle. Que te faut-il de plus pour ne pas être à faire peur, et pour plaire généralement?

— Ah! mon papa! je ne sais comment cela se fait; mais il y a dans le nombre de mes amies des mines fort jolies qui ne me plaisent guère. Il y en a d'autres, au contraire, qui me plaisent beaucoup, quoiqu'on ne les trouve pas jolies.

— Peux-tu me faire confidence de tes sentiments? Fais-moi d'abord connaître celles qui sont d'une jolie figure, et qui cependant n'ont pas le bonheur de te plaire.

— Cela est aisé. Je vous nommerai d'abord mademoiselle Blondel. Elle a une peau fine et blanche comme la peau d'un œuf, des yeux bleus, une bouche vermeille; mais elle a des airs penchés qui la font paraître plus petite qu'elle ne l'est en effet. Elle tourne la tête sur son épaule de manière à se démonter le visage; elle traîne ses syllabes si lentement, que ses paroles semblent ne pas tenir ensemble; et elle vous regarde en parlant comme si elle attendait votre admiration pour ses sentences. Je vous nommerai ensuite mademoiselle Armand l'aînée, qui passe pour la plus belle de la ville ; mais elle a une mine si fière et si railleuse, que, lorsque nous sommes rassemblées, nous ne pouvons nous ôter de l'esprit qu'elle nous méprise ou qu'elle se moque de nous. Pour mademoiselle Durand, la jolie brune, elle a un maintien si décidé et un ton si tranchant, qu'un garçon rougirait...

— Doucement... De ce train-là, nous irions bientôt à la médisance. Nomme-moi plutôt celles qui, sans être jolies, ont su trouver grâce à tes yeux.

— Vous connaissez bien Émilie Jansin ? La petite vérole l'a cruellement maltraitée ; il lui en est même resté une tache sur l'œil gauche. Malgré cela, elle a une figure si agréable, qu'on croit y voir la bonté, la douceur et la complaisance. La cadette Armand louche tant soit peu, parce que, dans son enfance, on lui a mis une espèce de paravent sur les yeux, qu'elle a eus rouges pendant plus d'un an. Elle regarde à droite pour voir ce qui est à gauche. Eh bien ! on s'y accoutume, et nous l'aimons toutes à la folie; elle a tant de vivacité, tant de gaieté!

— Tu le vois, les avantages extérieurs, et pour m'exprimer avec plus d'étendue, une peau blanche et douce, de belles dents, un nez bien tourné, une bouche vermeille, une taille fine et dégagée, en un mot, toutes les beautés de la figure ou de la personne ne suffisent donc pas uniquement pour plaire ; il faut encore une physionomie heureuse et des manières engageantes.

— Très certainement, mon cher papa; car autrement je ne saurais expliquer comment des personnes me plaisent qui ne sont ni jolies ni d'une belle taille, et comment d'autres me déplaisent avec tous ces avantages.

— Mais pourrais-tu me dire pourquoi

les premières ont quelque chose dans la physionomie qui nous flatte plus agréablement que les traits réguliers des secondes ?

— Parce que apparemment on y découvre quelques marques du caractère, et que l'on est porté à croire que ceux qui ont un air de bonté dans les traits de la figure doivent avoir un bon cœur.

— Lorsque tu étais devant ton miroir, tu cherchais sans doute à donner à ton visage un air de bonté, pour qu'on imaginât que tu as aussi de la bonté dans le caractère ?

— Ne vous moquez pas de moi, mon papa, je vous prie.

— Ce n'est pas mon dessein. Mais tu me disais toi-même tout-à-l'heure que tu voulais plaire, et tu convenais que ce moyen est le plus sûr pour y parvenir.

— Certainement, oui.

— Mais crois-tu qu'une pareille mine ne puisse pas être trompeuse, ou qu'on puisse se donner le talent de plaire, et le déposer ensuite à sa volonté?

— Je le crois, mon papa, car je vous ai entendu dire cent fois, vous et d'autres personnes : Je n'aurais jamais cru de cette petite fille qu'elle eût une physionomie si menteuse. Cet homme a l'air de la probité même, et il nous a trompés. Celui-ci ou celui-là sait si bien composer son visage qu'on jugerait qu'il possède toutes les vertus.

— Mais était-il alors question de personnes que nous eussions vues longtemps, souvent, ou de bien près?

— Ah! je ne sais pas.

— Ce faux jugement ne pourrait-il pas aussi provenir d'un manque de sagacité, ou de ce qu'on n'a pas assez remarqué si ces personnes ont toujours eu la même physionomie, ou si elles ne l'ont prise seulement que dans telle ou telle occasion, ou enfin si tout en elles parle et agit d'après le même système?

— Que voulez-vous dire par là, mon papa?

— Si tout s'accorde bien, la figure, le s yeux, le son de la voix, tous les traits du visage, que rien ne se démente et ne se contredise.

— Oh! voilà bien des choses pour faire attention à tout cela! Je croirais cependant que si je voyais quelqu'un longtemps et souvent, et que j'apportasse bien de l'attention à cet examen, je ne pourrais pas m'y tromper.

— Pauvre enfant! ne t'y fie pas.

— Mais au moins je pense que je puis bien voir dans mes amies ce qui est affecté ou ce qui est naturel.

— Ainsi, tu crois être assez instruite dans l'art de se contrefaire, et avoir assez de pénétration et de jugement pour distinguer sur un visage la vérité de l'hypocrisie? En vérité, je n'en aurais jamais tant attendu d'une tête si légère.

— Oh! j'ai bien remarqué dans mademoiselle Blondel que sa petite bouche, ses grands yeux, ses tours de tête et sa voix traînante ne sont pas naturels ; et au contraire, que la mine fière et moqueuse de mademoiselle Armand l'aînée, et les manières libres et hardies de mademoiselle Durand, n'ont rien d'affecté, parce que l'une est réellement vaine et dédaigneuse, et l'autre impudente.

— Peut-être ne sont-elles pas assez avancées dans l'art de prendre une physionomie étrangère? Quoi qu'il en soit, tu penses que nos aversions et nos penchants, nos vertus et nos défauts se peignent sur notre visage, et qu'on peut lire sur les traits d'une personne, comme dans un livre, ce qu'elle est au fond de son cœur?

— Pourquoi pas? Je n'ai encore vu aucune personne colère avec une physionomie douce, aucune personne envieuse avec une physionomie riante, aucune personne d'un caractère dur avec une physionomie tendre. Voyez seulement notre voisine, madame de Gernon, de quel œil elle regarde les gens, comme si elle voulait les dévorer, et comme elle parle d'une voix grondeuse ! Toutes les fois que la vieille demoiselle d'Angennes vient chez nous, et que maman a compagnie, regardez bien comme ses yeux tournent autour d'elle, pour voir si quelque femme a quelque chose de nouveau ou de brillant dans sa parure, et de quel air de jalousie elle la parcourt tout entière, de la tête aux pieds, comme si elle souffrait de son bonheur.

— Franchement, on ne risque pas beaucoup à juger, sur leurs visages, que l'une est envieuse et l'autre colère. Cependant, ne pourrait-il pas arriver que la nature eût donné, avec des inclinations perverses, une figure prévenante, ou, au contraire, des traits ignobles avec un cœur généreux ?

— Je n'en sais rien ; mais j'aurais de la peine à le croire.

— Et pourquoi donc ?

— C'est que l'on voit à la figure d'une personne si elle est faible ou robuste, saine ou maladive, et qu'il doit en être de même du caractère.

— Je vais cependant te citer deux traits historiques qui semblent contrarier tes idées.

Un homme, nommé Zopire, très habile physionomiste, se piquait, d'après l'examen de la conformation et de la figure d'une personne, de distinguer ses mœurs et ses passions dominantes. Ayant un jour considéré Socrate, il jugea que ce ne pouvait être qu'un homme d'un mauvais esprit, et livré à des penchants vicieux, dont il nomma quelques-uns. Alcibiade, l'ami et le disciple de Socrate, qui connaissait tout le mérite de son maître, ne put s'empêcher de rire du jugement du physionomiste, et de le taxer d'une profonde ignorance. Mais Socrate avoua qu'il avait réellement reçu de la nature des dispositions à tous les vices qu'on venait de lui reprocher, et qu'il ne s'en était préservé que par les efforts continuels de sa raison.

Esope, cet esclave doué de tant d'esprit, était si hideux et si contrefait, que lorsqu'on l'exposa en vente, aucun de ceux qui l'eurent envisagé ne céda à la prière qu'il leur faisait de l'acheter, jusqu'à ce que ses réponses spirituelles l'eussent fait connaître. Voilà deux exemples qui semblent établir le contraire de ce que tu soutenais.

— En vérité, cela m'étonne par rapport à Socrate, dont je vous ai souvent entendu parler avec admiration ; et par rapport à Esope, dont j'ai lu les fables avec tant de plaisir. Je les aurais crus l'un et l'autre de la plus belle figure du monde. Mais j'en reviens toujours à ce que je vous ai dit, qu'on peut être laid, et avoir cependant un je ne sais quoi de sagesse, d'esprit ou de bonté dans la physionomie.

— Tu as raison ; les chagrins et les maladies peuvent déformer les traits. Mais ce n'était pas le cas de Socrate. Il convenait même qu'il avait eu d'abord des inclinations vicieuses, et les traits de sa figure s'y rapportaient à merveille.

— Il me semble que sa réponse peut expliquer la difficulté. Il était né avec de mauvais penchants ; mais comme il avait en même temps beaucoup de raison, et qu'il vit bien que la colère, l'orgueil et l'envie étaient des vices affreux, il les combattit, et vint à bout de les vaincre. Son cœur se purgea de ses défauts, mais sa physionomie en garda encore la trace.

— Tu me parais bien preste à la réplique. Il y a même quelque chose de vrai dans ton raisonnement. J'aurai cependant une petite question à te faire. Supposé que mademoiselle Armand, cette petite fille orgueilleuse, dont tous les traits expriment la hauteur, l'amour-propre et le dédain, instruite par les sages représentations de ses parents, se fût bien convaincue de la folie de sa vanité, ou que des revers et des maladies lui fissent une loi de chercher à se rendre agréable aux autres, par l'affabilité, la douceur et la complaisance, en sorte qu'elle devînt tout l'opposé de ce qu'elle est aujourd'hui ; supposé qu'il en fût de même de tes autres amies, par rapport aux défauts que tu leur reproches ; ces traits d'orgueil, d'affectation et d'impudence se conserveraient-ils sur leurs figures ? Et lorsque, par des efforts redoublés et soutenus, elles seraient parvenues à changer leurs vices par les vertus contraires, le même changement ne s'opérerait-il pas dans leur physionomie ?

— Certainement oui, mon papa.

— Ainsi, la vérité pourrait bien se trouver entre nos deux raisonnements.

Socrate s'était livré pendant toute sa jeunesse à la folie de ses passions. Il avait même gardé longtemps son humeur colère, puisqu'il priait ses amis de l'avertir chaque fois qu'ils le verraient prêt à s'y livrer. Lorsque, dans un âge plus mûr, il se fut instruit à l'école de la sagesse, il commença sans doute à combattre ses vices, à s'en corriger de jour en jour, et à s'élever peu à peu au plus haut degré de perfection dans toutes les vertus morales; mais il était trop tard pour corriger aussi sa physionomie. Ses fibres et ses nerfs s'étaient raidis; la beauté de son âme ne pouvait plus percer sur sa figure. Elle était comme le soleil dans un ciel chargé de nuages et de brouillards. Dans l'enfance, au contraire, où les traits ont plus de souplesse et de flexibilité, les diverses affections de l'âme viennent tour à tour s'y peindre dans toute leur énergie. Ainsi, l'expression des vertus y remplacera celle des vices, si les vertus ont rem-

placé les vices dans le fond du cœur.
C'est comme un voile léger qui, placé tour
à tour sur la tête d'une belle Circassienne
ou d'une négresse hideuse, laisse facile-
ment entrevoir la beauté de l'une et la
laideur de l'autre. Je ne sais si je m'ex-
plique assez clairement pour toi.

— Oh! je vous ai compris à merveille,
grâce à vos comparaisons; et pour vous
prouver que j'en ai bien saisi l'esprit, je
veux vous en faire une à mon tour. J'ai
souvent gravé sans peine, sur un jeune
arbrisseau, les lettres de mon nom, ou les
chiffres de l'année, mais je n'aurais pu
en venir à bout sur un vieux arbre;
l'écorce eût été trop dure et trop raboteuse.

— Comment donc! tu m'étonnes. Mais
quand la comparaison ne serait pas tout-
à-fait exacte, il est toujours vrai que si
nous ne prenons que dans un âge avancé
l'habitude des vertus, nous en paraîtrons
moins aimables aux yeux des autres;
parce que nos traits, longtemps accoutu-

més à peindre nos penchants vicieux, ne se prêteront qu'avec peine à l'expression de nos sentiments actuels. Et que devons-nous en conclure?

— Qu'il faut... qu'il faut...

— Réfléchis bien à ton idée, avant de t'exprimer.

— Qu'il faut travailler de bonne heure à se donner une physionomie de vertu.

— Mais si nous n'étions pas dans notre cœur ce que notre physionomie annonce, ce contraste ne se ferait-il pas remarquer! Tu disais tout-à-l'heure de mademoiselle Blondel qu'elle n'était pas ce qu'elle voulait qu'on la crût. Ainsi tu vois...

— Je vois qu'il faut s'efforcer d'être réellement ce qu'on veut paraître. Ainsi, par exemple, veut-on avoir l'air d'être doux, modeste, réservé, bienfaisant, il faut combattre toutes les inclinations qui nous empêcheraient de l'être en effet; autrement notre physionomie serait bientôt démasquée. Est-on, dans la vérité, doux, modeste, réservé, bienfaisant, les traits de notre visage le peindront aussi.

— Très bien, ma chère Agathe. Et n'est-ce pas là une excellente recette pour se procurer la véritable beauté, le vrai don de plaire ? Combien seraient malheureux ceux à qui la nature a refusé ses charmes, si l'espérance de se donner une physionomie aimable et engageante ne pouvait leur faire acquérir la bonté du cœur, et les vertus les plus agréables aux yeux de Dieu et des hommes ! Crois-moi, ma chère fille, ne va pas chercher dans ton miroir l'art de paraître meilleure que tu ne le serais en effet. Mais, lorsque tu te sentiras agitée de quelque passion, cours aussitôt le consulter. Tu verras la laideur de la colère, ou de la jalousie, ou de la vanité ; demande-toi alors si cette image peut être agréable aux regards de l'homme et de Dieu.

— Oui, mon papa, votre conseil est

très sage, et je le suivrai. Mais je tirerai un autre avantage de vos leçons.

— Et lequel ?

— Je regarderai attentivement ceux à qui j'aurai affaire, et je chercherai à découvrir sur leur physionomie ce que je dois penser sur leur compte.

— Garde-t'en bien, ma fille. Le premier moyen répugne à la civilité, et ne convient guère à la modestie de ton sexe; le second serait très dangereux, avec ta candeur et ton inexpérience. Pour démêler dans les traits d'une personne son caractère et sa pensée, il faut une longue étude, des observations répétées, et un regard très perçant. Tu te verrais sans cesse trompée dans ta confiance ou dans tes antipathies. L'usage du monde t'instruira par degrés. Ne tourne maintenant tes études que sur toi-même, et emploie toutes les forces de ton âme à acquérir des vertus, pour en devenir plus aimable et plus belle.

LA MONTRE.

Au retour d'une visite qu'elle venait de rendre à l'une de ses meilleures amies, la jeune Charlotte rentrait chez ses parents d'un air triste et pensif. Elle trouva ses frères et ses sœurs qui jouaient ensemble avec cette joie vive et pure dont le ciel semble prendre plaisir à assaisonner les amusements de l'enfance. Au lieu de se mêler à leurs jeux, et de les animer par leur enjouement naturel, seule dans un coin de la chambre, elle paraissait souffrir de l'air de gaieté qui régnait autour d'elle, et ne répondait qu'avec humeur à toutes les agaceries innocentes qu'on lui faisait pour la tirer de son abattement. Son père, qui l'aimait avec tendresse, fut très inquiet de la voir dans un état si opposé à son caractère. Il la fit asseoir sur ses genoux, prit une de ses mains dans les siennes, et lui demanda ce qui l'affligeait. Ce n'est rien, rien du tout, mon papa, répondit-elle d'abord à toutes ses questions. Mais enfin, pressée plus vivement, elle lui dit que toutes les petites demoiselles qu'elle venait de voir chez son amie avaient reçu de leurs parents de très jolis cadeaux pour leur foire, quoique, sans vanité, aucune d'elles ne fût si avancée pour les talents et pour l'instruction. Elle cita surtout mademoiselle de Richebourg, à qui son oncle avait donné une montre d'or entourée de brillants.

— Oh! quel plaisir, ajouta-t-elle, d'avoir une si belle montre à son côté !

— Voilà donc le sujet de ta peine ? lui dit M. de Fonrose en souriant; Dieu merci, je respire. Je te croyais attaquée d'un mal plus sérieux. Que voudrais-tu donc faire d'une montre, ma chère Charlotte?

CHARLOTTE. Eh! mon papa, ce qu'en font les autres. Je la porterais à ma ceinture, et je regarderais à tout moment l'heure qu'il est.

M. DE FONROSE. A tout moment! Tes quarts d'heure sont-ils si précieux? ou est-ce que les jours de la soumission et de l'obéissance te paraîtraient si longs?

CHARLOTTE. Non, mon papa; vous m'avez dit souvent que je suis dans la saison la plus heureuse de la vie.

M. DE FONROSE. Si ce n'est donc que pour savoir quelquefois où tu en es de la journée, n'as-tu pas au bas de l'escalier une pendule qui peut te l'apprendre au besoin?

CHARLOTTE. Oui, mais lorsqu'on est en haut bien occupée de ce que l'on fait, on ne l'entend pas toujours sonner. On n'a pas toujours du monde autour de soi pour leur demander l'heure. Il faut se détourner ou descendre. C'est du temps perdu; au lieu qu'avec une montre on voit cela tout de suite, sans importuner personne, et sans se déranger.

M. DE FONROSE. Il est vrai que c'est fort commode, quand ce ne serait que pour avertir ses maîtres que l'heure de leur leçon est finie, lorsque, par politesse ou par attachement, ils voudraient bien la prolonger quelques minutes de plus.

CHARLOTTE. Quel plaisir vous prenez toujours à me désoler par votre badinage!

M. DE FONROSE. Eh bien! si tu veux que nous parlions plus sérieusement, avoue-moi avec franchise quel est le motif qui te fait désirer une montre avec tant d'ardeur.

CHARLOTTE. Je vous l'ai dit, mon papa.

M. DE FONROSE. C'est le véritable que je demande. Tu sais que je ne me paye pas de raison en paroles. Tu crains peut-être de te l'avouer. Je vais te l'apprendre, moi qui me pique envers toi d'une plus sincère amitié que toi-même. C'est pour que l'on s'écrie en passant à ton côté : Ho! ho! voyez quelle belle montre a cette petite demoiselle! Il faut qu'elle soit bien

riche! Or, dis-moi si c'est une gloire bien
flatteuse que de se faire croire plus riche
que les autres, et d'étaler des choses plus
brillantes aux yeux des passants! As-tu
jamais vu des gens raisonnables en con-
sidérer davantage une petite fille pour la
richesse de son père? En considères-tu
davantage celles qui sont plus riches que
toi? En voyant une belle montre au côté
d'une jeune personne que tu ne connaî-
trais pas, au lieu de dire : Voilà une demoiselle d'un caractère bien estimable qui
porte cette montre! tu dirais plutôt : Voilà
une montre d'un travail bien estimable
que porte cette demoiselle! Si une montre
peut faire honneur, c'est à l'habileté de
l'horloger qui l'a faite, et au goût de celui
qui l'a commandée ou choisie. Mais pour
celui qui la porte, je ne lui dois que du
mépris s'il veut en tirer vanité.

CHARLOTTE. Mais, mon papa, vous
semblez toujours me parler comme si
c'était par ce motif que je l'eusse désirée!

M. DE FONROSE. Je ne te cacherai point que je le soupçonne terriblement. Tu ne veux·pas en convenir encore ; à la bonne heure. Je me flatte de t'amener bientôt à cet aveu.

CHARLOTTE. Ne parlons point de cela, s'il vous plaît. Mais il faut qu'une montre soit un meuble bien utile, puisque vous en avez une, vous qui êtes si philosophe !

M. DE FONROSE. Il est vrai que je ne pourrais guère m'en passer. Tu sais que les occupations de mon cabinet sont interrompues par des devoirs publics qui demandent de l'exactitude et de la ponctualité.

CHARLOTTE. Et moi, n'ai-je pas aussi vingt exercices différents dans la journée ? Que diriez-vous si je ne donnais pas à chacun la mesure du temps qu'il exige ?

M. DE FONROSE. C'est juste. Tu vois que je ne suis pas obstiné. Quand on m'allègue des raisons frappantes, je m'y rends. Eh bien! ma chère fille, tu auras une montre.

CHARLOTTE. Badinez-vous, mon papa?

M. DE FONROSE. Non, certainement. Et dès ce jour même, pourvu que tu n'oublies pas de la prendre quand tu sortiras.

CHARLOTTE. Pouvez-vous me le demander? Oh! je suis bien fâchée de ne l'avoir pas eue aujourd'hui, quand je suis allée chez mademoiselle de Montreuil.

M. DE FONROSE. Tu pourras y retourner demain.

CHARLOTTE. Oui, vous avez raison. Mademoiselle de Richebourg y sera peut-être. Donnez, donnez, mon papa.

M. DE FONROSE. Tu sais ma chambre à coucher? A côté de mon lit, tu trouveras une montre suspendue à la tapisserie. Elle est à toi.

CHARLOTTE. Quoi! cette grande patraque du temps du roi Dagobert, qui lui servait peut-être de casserole pour le dîner de ses chiens!

M. DE FONROSE. Elle est fort bonne, je t'assure. On ne les faisait pas autrement du vivant de mon père. Je l'ai trouvée dans son héritage, et je me faisais un devoir de la garder pour moi-même. Mais en te la donnant elle ne sortira pas de la famille; et j'aurai plus souvent occasion de la rappeler à mon souvenir en la voyant tout le jour à ton côté.

CHARLOTTE. Oui; mais que diront ceux qui ne descendent point de mon grand-papa?

M. DE FONROSE. Eh! c'est là précisément où je t'attendais. Tu vois que ce motif d'utilité que tu m'alléguais avec tant d'importance n'est qu'un vain prétexte dont ta vanité cherchait à se couvrir, puisque cette montre te rendrait le même service que tu pourrais attendre d'une montre en or enrichie des plus beaux diamants. Pourquoi t'embarrasser des vains propos des autres? D'ailleurs ils ne pourraient que faire honneur à ton

caractère. La solidité de la montre passerait pour l'emblème de celle de tes goûts.

CHARLOTTE. Mais ne pourrais-je pas
en avoir une qui fût en même temps so-
lide et d'une forme agréable?

M. DE FONROSE. Tu crois donc que cela
ferait ton bonheur?

CHARLOTTE. Oui, mon papa, je me
croirais fort heureuse.

M. DE FONROSE. Je voudrais que ma
fortune me permît de te convaincre, par
ta propre expérience, combien la félicité
qu'on attache à de pareilles bagatelles
est frivole et passagère. Je parie que dans
quinze jours tu ne regarderais plus guère
ta montre; qu'au bout d'un mois tu ou-
blierais de la monter, et que bientôt elle
ne serait pas mieux réglée que ta folle
imagination.

CHARLOTTE. Ne pariez point, mon
papa, vous perdriez, j'en suis sûre.

M. DE FONROSE. Aussi je ne veux pas
parier, non par la crainte de perdre, mais

parce qu'il faudrait risquer l'épreuve, et qu'elle pourrait te coûter pendant tout le reste de ta vie les plus cruels regrets.

CHARLOTTE. Ainsi vous pensez qu'une belle montre, au lieu de faire mon bonheur, ne servirait qu'à me rendre malheureuse?

M. DE FONROSE. Si je le pense, ma fille? Tout notre bonheur sur la terre consiste à vivre satisfaits du poste où nous a placés la Providence, et des biens qu'elle nous a départis. Il n'est aucun état, si humble ou si élevé, dans lequel une vaine ambition ne puisse nous faire accroire qu'il nous faudrait encore ce qu'un autre possède auprès de nous. C'est elle qui va tourmenter le laboureur au sein de l'aisance, pour lui faire jeter un œil d'envie sur quelques sillons du champ de son voisin, tandis qu'elle persuade au maître d'un vaste royaume que les provinces qui le bornent manquent à ses états pour les arrondir. De là naissent entre les princes ces guerres cruelles qui désolent la terre, et entre les particuliers ces procès ruineux qui les dévorent, ou ces haines de jalousie qui les bourrèlent et les avilissent. Quels étaient tes propres sentiments envers mademoiselle de Richebourg en regardant la montre qu'elle étalait à son côté? Retrouvais-tu dans ton cœur ces mouvements d'inclination qui te portaient autrefois vers le sien? Lui aurais-tu rendu, dans ce moment, ces services dont tu te serais fait hier une joie si pure? Mais cette inimitié secrète que sa montre t'inspirait contre elle, ta montre ne l'inspirerait-elle pas contre toi à tes meilleures amies, et peut-être à tes frères et tes sœurs? Vois cependant pour quelle méprisable jouissance de vanité tu aurais rompu les plus doux nœuds du cœur et du sang, les plus tendres affections de la nature! Pourrais-tu te croire heureuse à ce prix?

CHARLOTTE. O mon papa! vous me faites frissonner!

M. DE FONROSE. Eh bien ! ma fille, ne rme donc plus de ces souhaits déraisonnables qui troublent ton repos. Que manque-t-il à tes véritables besoins dans la condition où le ciel t'a fait naître ? N'as-tu pas une nourriture saine et abondante, des vêtements propres et commodes pour toutes les saisons ? Ne t'ai-je pas donné des maîtres pour cultiver ton esprit, tandis que je forme ton cœur, pour te procurer des talents agréables qui puissent un jour faire rechercher ton commerce dans la société ? Tu veux aujourd'hui une montre d'or enrichie de diamants ! Si je te la donne, de quel œil regarderas-tu demain ton collier et tes boucles d'oreilles de perles fausses ? Ne faudra-t-il pas que, pour te satisfaire, je les change bientôt en pierres précieuses ? Encore te faudra-t-il, de plus, des dentelles, de riches étoffes et des femmes pour te servir. On ne va point à pied dans les rues avec un pompeux attirail de parure. Elle exige un grand nombre de domestiques, une voiture brillante, de superbes chevaux. Tu me les demanderais. Il ne te manquerait plus rien alors, il est vrai, pour te produire dans les assemblées, et visiter les personnes du plus haut rang. Mais, pour les recevoir à ton tour, ne te faudrait-il pas un hôtel magnifique, une table splendide, et des ameublements précieux ? Vois combien une première fantaisie satisfaite engendre d'innombrables besoins. Ils vont toujours ainsi en s'accroissant, jusqu'à ce que, pour avoir voulu s'élever au-dessus de son état, on retombe pour toujours au-dessous des plus étroites nécessités de la vie. Tourne les yeux autour de toi, et regarde combien de personnes gémissent aujourd'hui dans la plus affreuse misère, qui consumaient hier peut-être les derniers débris d'une fortune suffisante pour leur bonheur. Pense à ce qui te serait arrivé à toi, à tes sœurs et à tes frères, si

ma tendresse et mes réflexions ne m'a-
vaient fait profiter, pour votre avantage,
de toutes ces déplorables expériences. Il
m'a souvent été pénible d'aller à pied dans
les rues. Un bon carrosse aurait peut-être
ménagé mes forces autant qu'il aurait
flatté ma vanité. En employant à cette
dépense ce qu'il m'en coûte pour votre entretien, votre instruction et vos plaisirs,
j'aurais été en état de la soutenir pendant
quelques années. Mais enfin quel aurait été mon sort et le vôtre? Je vous aurais vus croître dans le désordre et la stu-
pidité. Je n'aurais pu attendre de vous,
dans ma vieillesse, des soins que je vous
aurais refusés dans votre enfance. Pour
quelques jours passés dans l'éclat insolent
du luxe, j'aurais langui longtemps dans
les mépris d'une juste misère. De quel
front aurais-je cru pouvoir répondre à
l'Eternel sur les devoirs qu'il m'impose
envers vous, lorsque je ne vous aurais
laissé pour héritage que l'exemple de mon

indigne conduite? J'aurais fini ma vie dans les convulsions du remords, du désespoir et de la terreur; et vos malédictions m'auraient poursuivi jusqu'au-delà de ma tombe.

— O mon papa! quelle était ma folie! s'écria Charlotte en se jetant à son cou. Non, non, je ne veux plus de montre; et si j'en avais une, je vous la rendrais à l'instant.

M. de Fonrose, charmé de voir le cœur de sa fille s'ouvrir avec tant de franchise aux impressions du sentiment et de la raison, l'accabla de caresses.

Dès cet heureux jour Charlotte reprit sa première gaieté; et lorsqu'elle voyait quelques bijoux précieux à l'une de ses jeunes compagnes, elle était bien plus tentée de la plaindre que de lui porter la plus légère envie.

LE FORGERON.

M. de Cremy, passant vers minuit devant l'atelier d'un pauvre forgeron, entendit les coups redoublés de son marteau. Il voulut savoir ce qui le retenait si tard à l'ouvrage, et s'il ne pouvait gagner sa vie du labeur de sa journée sans le prolonger si avant dans la nuit.

— Ce n'est pas pour moi que je travaille, répondit le forgeron, c'est pour un de mes voisins qui a eu le malheur d'être incendié. Je me lève deux heures plus tôt et je me couche deux heures plus tard tous les jours, afin de donner à ce pauvre malheureux de faibles marques de mon attachement. Si je possédais quelque chose, je le partagerais avec lui ; mais je n'ai que mon enclume, et je ne puis la vendre, car c'est elle qui me fait vivre.

— Voilà qui est généreux de votre part, mon enfant, lui dit M. de Cremy ;

car, selon toute apparence, votre voisin ne pourra jamais vous rendre ce que vous lui donnez.

— Hélas ! Monsieur, je le crains pour lui plus que pour moi ; mais je suis bien sûr qu'il en ferait autant si j'étais à sa place.

M. de Cremy ne voulut pas le détourner plus longtemps de ses occupations ; et lui ayant souhaité une bonne nuit, il le quitta. Le lendemain, ayant tiré de ses épargnes une somme de six cents livres, il la porta chez le forgeron, dont il voulait récompenser la bienfaisance, afin qu'il pût tirer son fer de la première main, entreprendre de plus grands ouvrages, et mettre ainsi en réserve quelques deniers du fruit de son travail pour les jours de sa vieillesse.

Mais quelle fut sa surprise lorsque le forgeron lui dit : Reprenez votre argent, Monsieur ; je n'en ai pas besoin, puisque je ne l'ai pas gagné. Je suis en état de payer le fer que j'emploie, et s'il m'en faut davantage, le marchand me le donnera bien sur mon billet. Ce serait, de ma part, une grande ingratitude, de vouloir le priver du gain qu'il doit faire sur sa marchandise, lorsqu'il n'a pas craint de m'en avancer pour cent écus dans le temps où je ne possédais que l'habit que j'ai sur le corps. Vous avez un meilleur usage à faire de cette somme, en la prêtant sans intérêt au pauvre incendié. Il pourra, par ce moyen, rétablir ses affaires ; et moi, je pourrai dormir alors tout mon aise.

M. de Cremy n'ayant pu, malgré les plus vives instances, le faire revenir de son refus, suivit le conseil qu'il lui avait donné, et il eut le plaisir de faire le bonheur d'une personne de plus que dans le premier projet de son cœur généreux.

FIN.

TABLE.

FIN DE LA TABLE.

Limoges. — Imp. E. ARDANT et Cie.

HISTOIRES

ET

LÉGENDES

PAR

T. CASTELLAN, ED. LASSÈNE, L. H*, L. MICHELANT,**

Mme CAMILLE BODIN ET EUGÉNIE FOA

AVEC

ILLUSTRATIONS DANS LE TEXTE

www.ingramcontent.com/pod-product-compliance
Lightning Source LLC
Chambersburg PA
CBHW060621100426
42744CB00008B/1458